AF234875

Impressum
Verlag: BABADADA GmbH, Nedderfeld 112 , 22529 Hamburg
Geschäftsführer / Verlagsleitung: Harald Hof
Druck: Books on Demand GmbH, In de Tarpen 42, 22848 Norderstedt

Imprint
Publisher: BABADADA GmbH, Nedderfeld 112 , 22529 Hamburg, Germany
Managing Director / Publishing direction: Harald Hof
Print: Books on Demand GmbH, In de Tarpen 42, 22848 Norderstedt

school
school

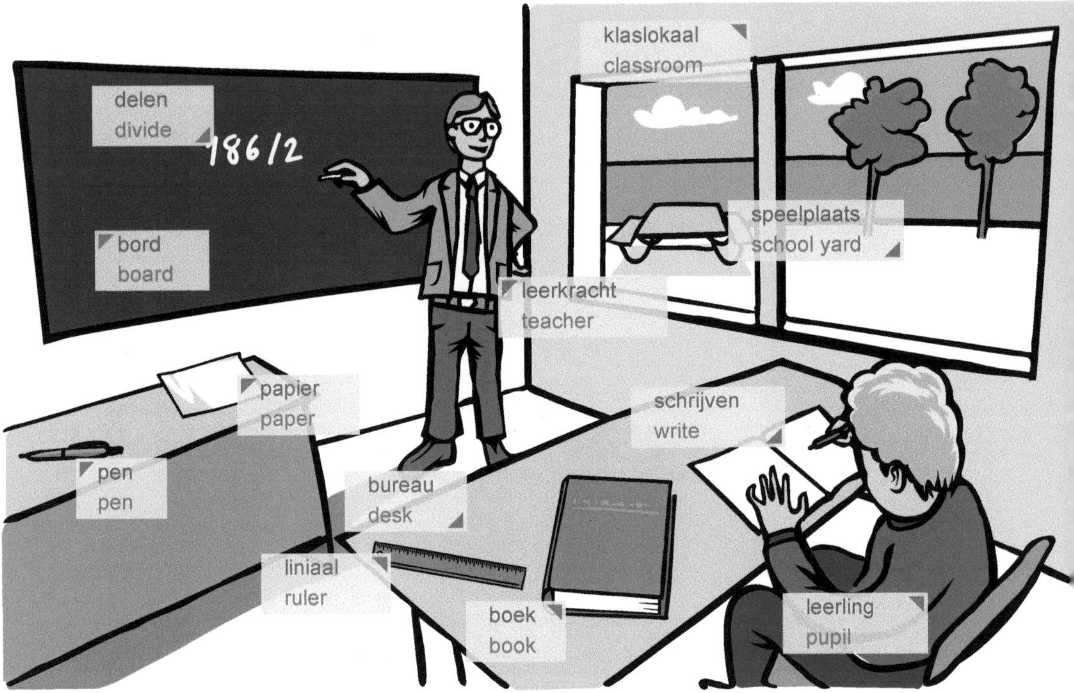
klaslokaal
classroom
delen
divide
186/2
bord
board
speelplaats
school yard
leerkracht
teacher
papier
paper
schrijven
write
pen
pen
bureau
desk
liniaal
ruler
boek
book
leerling
pupil

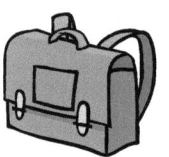

schooltas

satchel

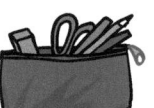

pennenzak

pencil case

potlood

pencil

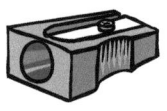

puntenslijper

pencil sharpener

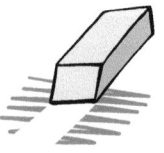

gom

rubber

tekenblok

drawing pad

tekening

drawing

verfborstel

paintbrush

verfdoos

paint box

schaar

scissors

lijm

glue

werkboek

exercise book

huiswerk

homework

nummer

number

optellen

add

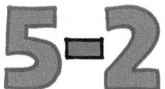

aftrekken

subtract

vermenigvuldigen

multiply

rekenen

calculate

letter

letter

alfabet

alphabet

woord

word

tekst

text

Lezen

read

krijt

chalk

les

lesson

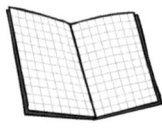

klassenboek

register

examen

exam

certificaat

certificate

schooluniform

school uniform

onderwijs

education

encyclopedie

encyclopedia

universiteit

university

microscoop

microscope

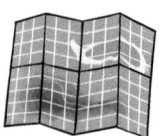

kaart

map

papiermand

paper bin

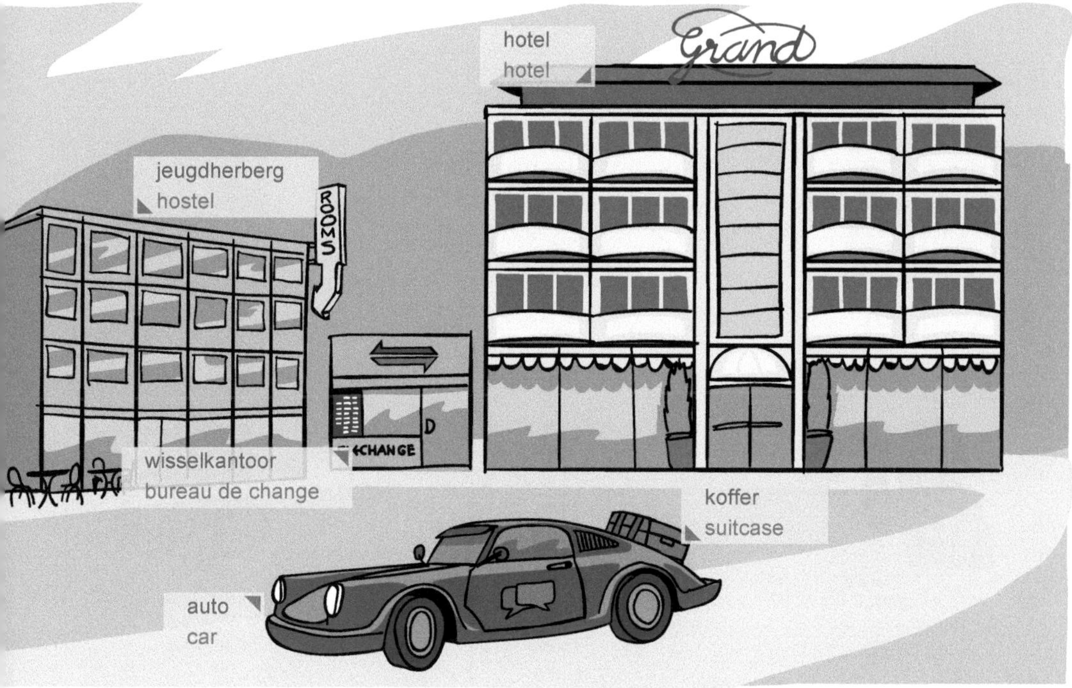

hotel
hotel
Grand
jeugdherberg
hostel
ROOMS
EXCHANGE
wisselkantoor
bureau de change
koffer
suitcase
auto
car

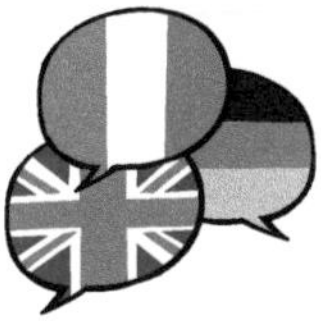

Taal
language

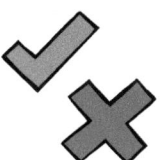

ja / nee
yes / no

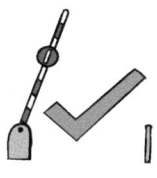

oké
Okay

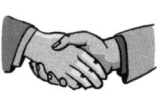

hallo
hello

vertaler
translator

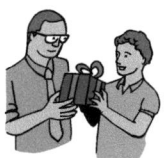

bedankt
Thank you

Hoeveel kost ...?

how much does ... cost?

Ik begrijp het niet

I do not understand

probleem

problem

Goedenavond!

Good evening!

Goedemorgen!

Good morning!

Goedenavond!

Good night!

Tot ziens

bye bye

richting

direction

bagage

luggage

zak

bag

rugzak

backpack

gast

guest

kamer

room

slaapzak

sleeping bag

tent

tent

toeristeninformatie

tourist information

strand

beach

kredietkaart

credit card

ontbijt

breakfast

lunch

lunch

avondeten

dinner

ticket

ticket

lift

lift

postzegel

stamp

grens

border

douane

customs

ambassade

embassy

visum

visa

paspoort

passport

vliegtuig
aeroplane

schip
ship

brandweerwagen
fire engine

bus
bus

vrachtwagen
truck

motorboot
motorboat

fiets
bike

auto
car

veerboot

ferry

boot

boat

motor

motorbike

politiewagen

police car

racewagen

racing car

huurauto

rental car

8

transport - transport

carpoolen

car sharing

sleepwagen

breakdown truck

vuilniswagen

refuse truck

motor

motor

benzine

fuel

benzinestation

petrol station

verkeersbord

traffic sign

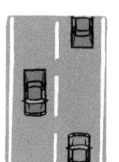

verkeer

traffic

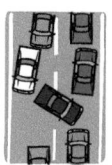

file

traffic jam

parkeerplaats

car park

station

train station

sporen

tracks

trein

train

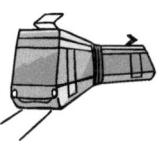

tram

tram

wagon

carriage

helikopter

helicopter

luchthaven

airport

toren

tower

passagier

passenger

container

container

karton

carton

kar

cart

mand

basket

opstijgen / landen

take off / land

stad

city

dorp

village

stadscentrum

city centre

huis

house

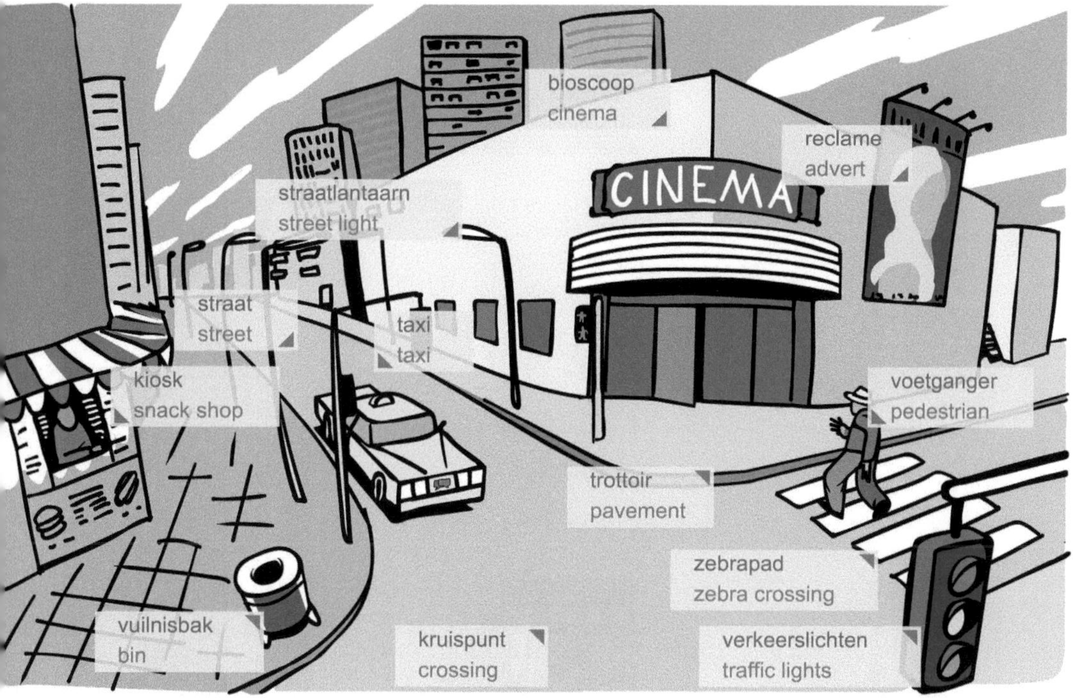

bioscoop
cinema

reclame
advert

straatlantaarn
street light

straat
street

taxi
taxi

kiosk
snack shop

voetganger
pedestrian

trottoir
pavement

zebrapad
zebra crossing

vuilnisbak
bin

kruispunt
crossing

verkeerslichten
traffic lights

hut
hut

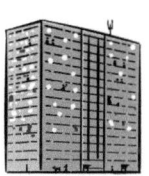

woning
flat

station
train station

stadshuis
town hall

museum
museum

school
school

universiteit

university

bank

bank

ziekenhuis

hospital

hotel

hotel

apotheek

pharmacy

kantoor

office

boekwinkel

book shop

winkel

shop

bloemenwinkel

florist's

supermarkt

supermarket

markt

market

warenhuis

department store

vishandelaar

fishmonger's

winkelcentrum

shopping centre

haven

harbour

park
park

bank
bench

brug
bridge

trap
stairs

metro
underground

tunnel
tunnel

bushalte
bus stop

bar
bar

restaurant
restaurant

brievenbus
postbox

straatnaambord
road sign

parkeermeter
parking meter

zoo
zoo

zwembad
swimming pool

moskee
mosque

boerderij

farm

milieuverontreiniging

pollution

kerkhof

graveyard

kerk

church

speelplaats

playground

tempel

temple

landschap
landscape

blad
leaf

wegwijzer
signpost

weg
way

weide
meadow

steen
stone

boom
tree

wandelaar
hiker

rivier
river

gras
grass

bloem
flower

vallei

valley

heuvel

hill

meer

lake

bos

forest

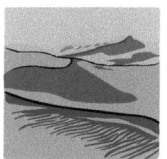

woestijn

desert

vulkaan

volcano

kasteel

castle

regenboog

rainbow

paddenstoel

mushroom

palmboom

palm tree

mug

mosquito

vlieg

fly

mier

ant

bijl

bee

spin

spider

kever
beetle

kikker
frog

eekhoorn
squirrel

egel
hedgehog

haas
hare

uil
owl

vogel
bird

zwaan
swan

wild zwijn
boar

hert
deer

eland
moose

dam
dam

windturbine
wind turbine

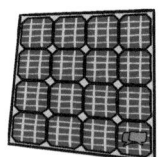

zonnepaneel
solar panel

klimaat
climate

ober
waiter

menu
menu

stoel
chair

soep
soup

pizza
pizza

bestek
cutlery

tafelkleed
tablecloth

voorgerecht

starter

hoofdgerecht

main course

nagerecht

dessert

drankjes

drinks

eten

food

fles

bottle

fastfood

fast food

street food

street food

theepot

teapot

suikerpot

sugar bowl

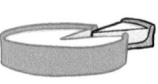

portie

portion

espressomachine

espresso machine

kinderstoel

high chair

rekening

bill

dienblad

tray

mes

knife

vork

fork

lepel

spoon

theelepel

teaspoon

serviette

serviette

glas

glass

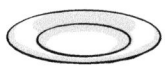

bord

plate

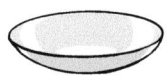

soepbord

soup plate

schoteltje

saucer

saus

sauce

zoutvatje

salt cellar

pepermolen

pepper mill

azijn

vinegar

olie

oil

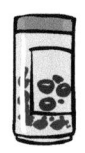

kruiden

spices

ketchup

ketchup

mosterd

mustard

mayonaise

mayonnaise

supermarkt
supermarket

aanbieding
special offer
FOR
klant
customer
zuivelproducten
dairy
fruit
fruit
winkelwagen
trolley

BUTCHERS

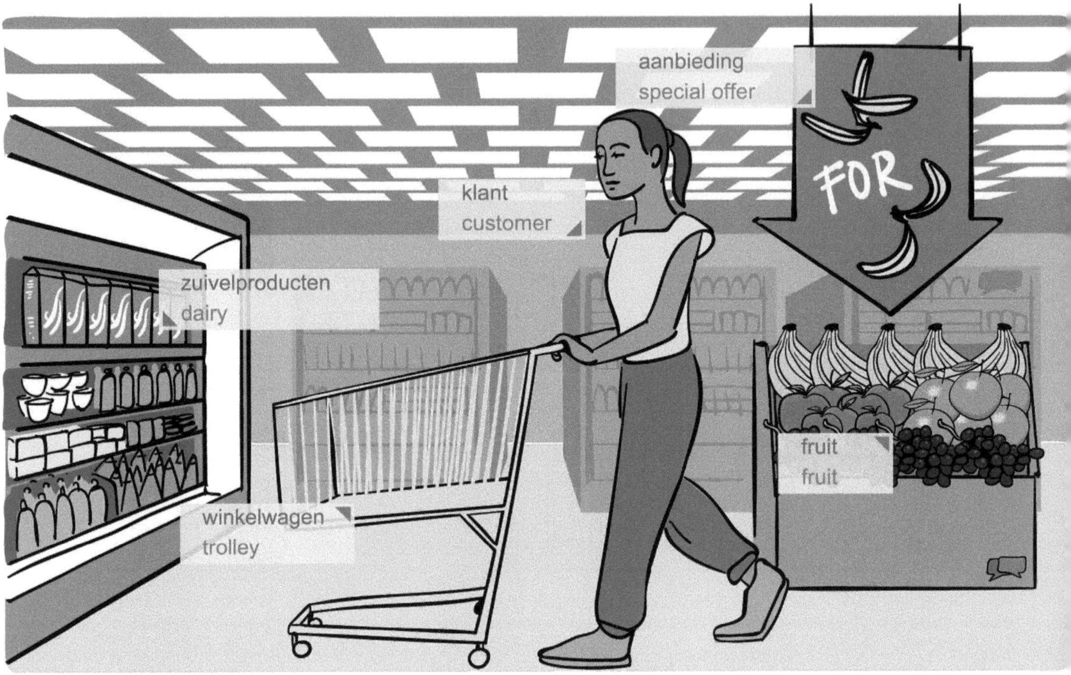

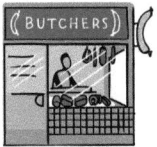

slagerij

butcher´s

BAKERY

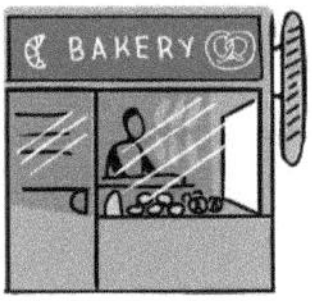

bakkerij

baker´s

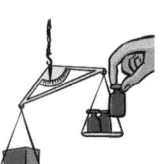

wegen

weigh

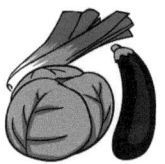

groenten

vegetables

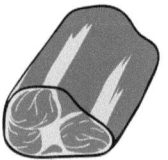

vlees

meat

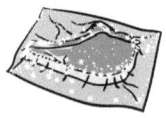

diepvriesvoedsel

frozen food

charcuterie

cold meat

conserven

tinned food

waspoeder

washing powder

snoep

sweets

huishoudproducten

household products

schoonmaakproducten

cleaning products

verkoopster

salesperson

kassa

till

kassier

cashier

boodschappenlijstje

shopping list

openingstijden

opening hours

portefeuille

wallet

kredietkaart

credit card

tas

bag

plastieken zakje

plastic bag

water

water

sap

juice

melk

milk

cola

coke

wijn

wine

bier

beer

alcohol

alcohol

cacao

cocoa

thee

tea

koffie

coffee

espresso

espresso

cappuccino

cappuccino

banaan

banana

appel

apple

sinaasappel

orange

meloen

melon

citroen

lemon

wortel

carrot

knoflook

garlic

bamboe

bamboo

ajuin

onion

champignon

mushroom

noten

nuts

noodles

noodles

spaghetti

spaghetti

rijst

rice

salade

salad

frieten

chips

gebakken aardappelen

fried potatoes

pizza

pizza

hamburger

hamburger

sandwich

sandwich

kalfslapje

cutlet

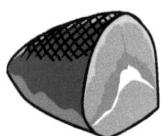

ham

ham

salami

salami

worst

sausage

kip

chicken

braden

roast

vis

fish

havervlokken

porridge oats

muesli

muesli

cornflakes

cornflakes

bloem

flour

croissant

croissant

pistolet

bread roll

brood

bread

toast

toast

koekjes

biscuits

boter

butter

kwark

curd

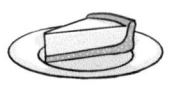

taart

cake

ei

egg

spiegelei

fried egg

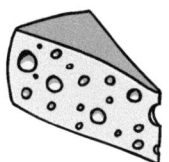

kaas

cheese

eten - food

ijs

ice cream

suiker

sugar

honing

honey

confituur

jam

choco

chocolate spread

curry

curry

eten - food

boerderij
farm

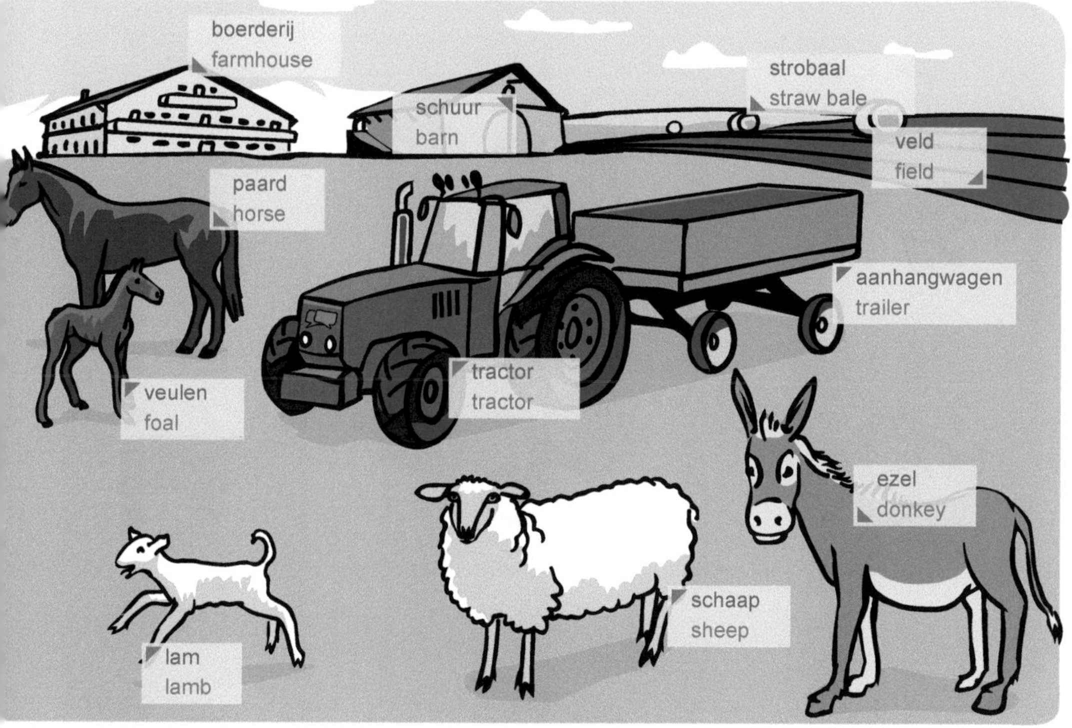

boerderij
farmhouse
schuur
barn
strobaal
straw bale
veld
field
paard
horse
aanhangwagen
trailer
tractor
tractor
veulen
foal
ezel
donkey
schaap
sheep
lam
lamb

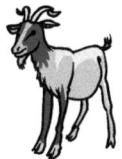

geit

goat

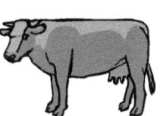

koe

cow

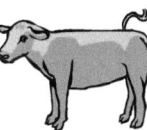

kalf

calf

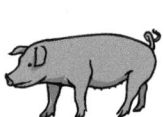

varken

pig

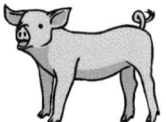

biggetje

piglet

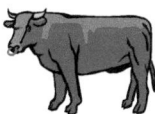

stier

bull

gans
goose

eend
duck

kuiken
chick

kip
hen

haan
cock

rat
rat

kat
cat

muis
mouse

os
ox

hond
dog

hondenhok
doghouse

tuinslang
garden hose

gieter
watering can

zeis
scythe

ploeg
plough

sikkel

sickle

schoffel

hoe

hooivork

pitchfork

bijl

axe

kruiwagen

wheelbarrow

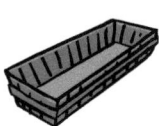

trog

trough

melkkan

milk can

zak

sack

hek

fence

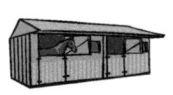

stal

stable

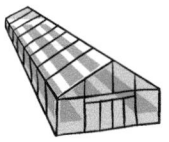

broeikas

greenhouse

bodem

soil

zaad

seed

mest

fertilizer

maaidorser

combine harvester

oogsten

harvest

oogst

harvest

yam

yams

tarwe

wheat

soja

soy

aardappel

potato

maïs

corn

koolzaad

rapeseed

fruitboom

fruit tree

maniok

cassava

graan

cereals

huis
house

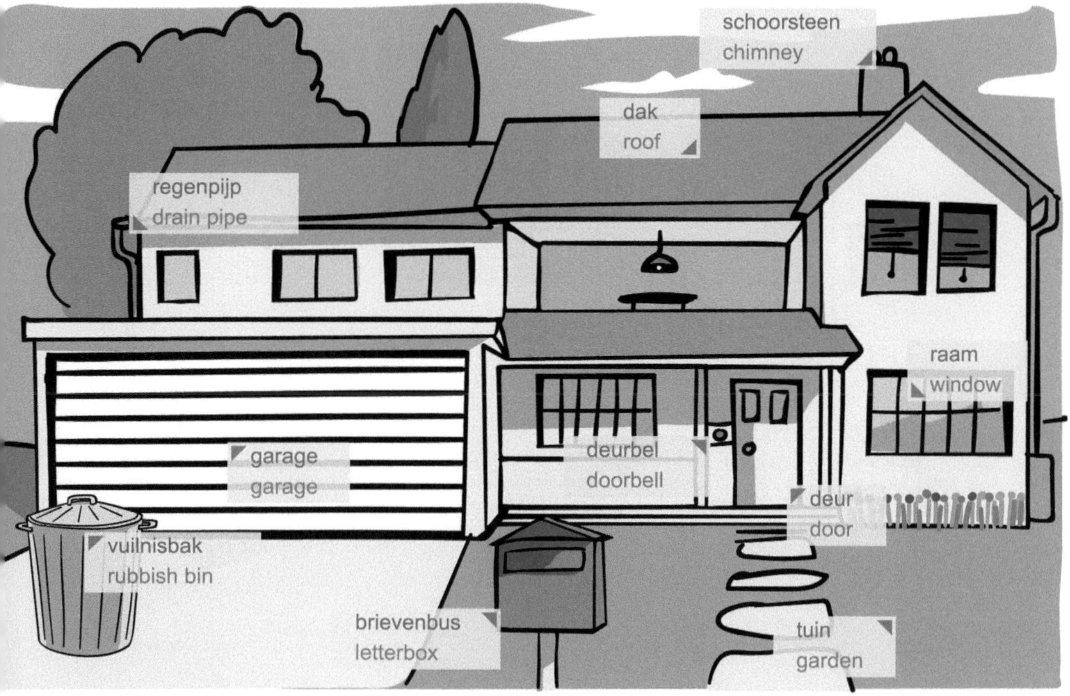

schoorsteen
chimney
dak
roof
regenpijp
drain pipe
raam
window
garage
garage
deurbel
doorbell
deur
door
vuilnisbak
rubbish bin
brievenbus
letterbox
tuin
garden

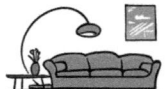

woonkamer

living room

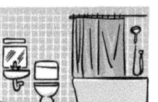

badkamer

bathroom

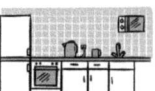

keuken

kitchen

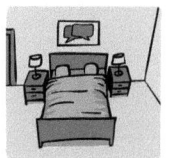

slaapkamer

bedroom

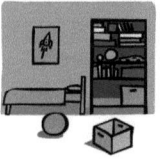

kinderkamer

child's room

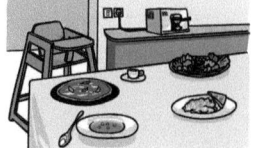

eetkamer

dining room

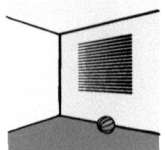

vloer

floor

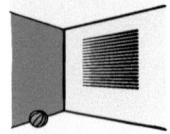

muur

wall

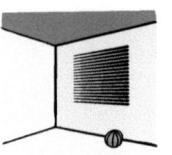

plafond

ceiling

kelder

cellar

sauna

sauna

balkon

balcony

terras

terrace

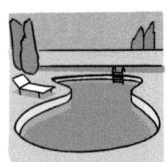

zwembad

pool

grasmaaier

lawn mower

dekbedovertrek

sheet

dekbed

bedspread

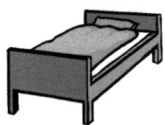

bed

bed

bezem

broom

emmer

bucket

schakelaar

switch

woonkamer

living room

behangpapier
wallpaper
foto
picture
lamp
lamp
schap
shelf
kast
cupboard
televisie
television
open haard
fireplace
bloem
flower
kussen
cushion
sofa
sofa
vaas
vase
afstandsbediening
remote control

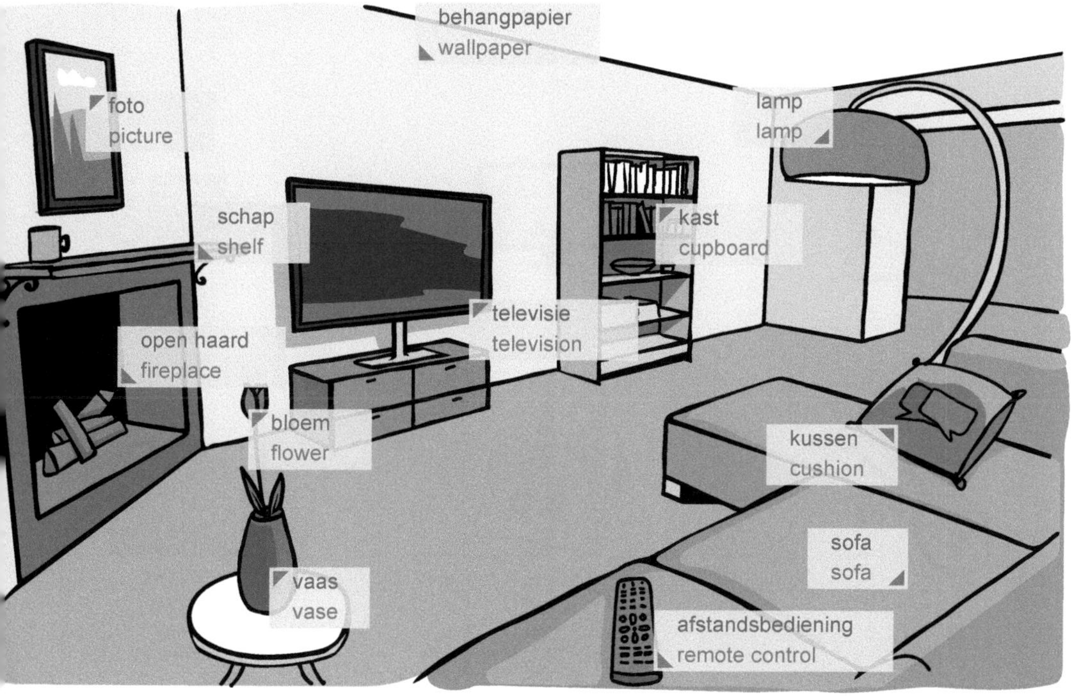

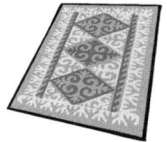

mat

carpet

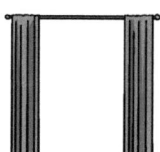

gordijn

curtain

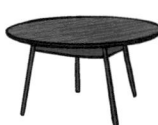

tafel

table

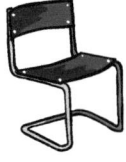

stoel

chair

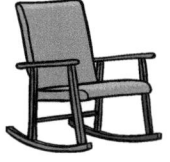

schommelstoel

rocking chair

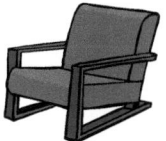

fauteuil

armchair

boek

book

deken

blanket

decoratie

decoration

brandhout

firewood

film

film

stereo-installatie

hi-fi equipment

sleutel

key

krant

newspaper

schilderij

painting

poster

poster

radio

radio

notitieboekje

notepad

stofzuiger

hoover

cactus

cactus

kaars

candle

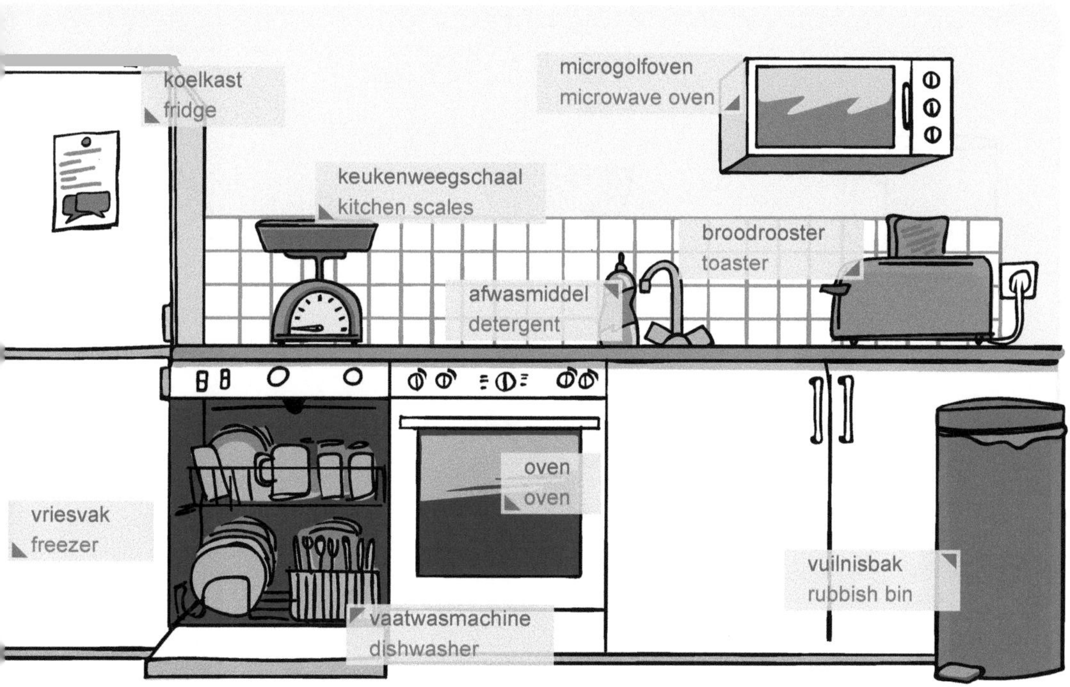

koelkast
fridge

microgolfoven
microwave oven

keukenweegschaal
kitchen scales

broodrooster
toaster

afwasmiddel
detergent

oven
oven

vriesvak
freezer

vuilnisbak
rubbish bin

vaatwasmachine
dishwasher

fornuis
....
cooker

pot
....
pot

gietijzeren pot
....
cast-iron pot

wok / kadai
....
wok / kadai

pan
....
pan

waterkoker
....
kettle

stoomkoker
steamer

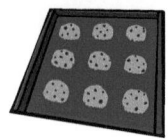

bakplaat
baking tray

servies
crockery

mok
mug

kom
bowl

eetstokjes
chopsticks

pollepel
ladle

spatel
spatula

garde
whisk

vergiet
strainer

zeef
sieve

rasp
grater

mortier
mortar

barbecue
barbecue

haardvuur
open fire

snijplank

chopping board

deegrol

rolling pin

kurkentrekker

corkscrew

blik

can

blikopener

can opener

pannenlap

pot holder

gootsteen

sink

borstel

brush

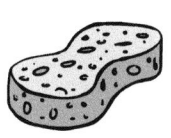

spons

sponge

blender

blender

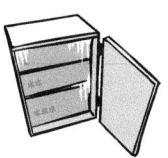

vriezer

deep freezer

papfles

baby bottle

kraan

tap

badkamer
bathroom

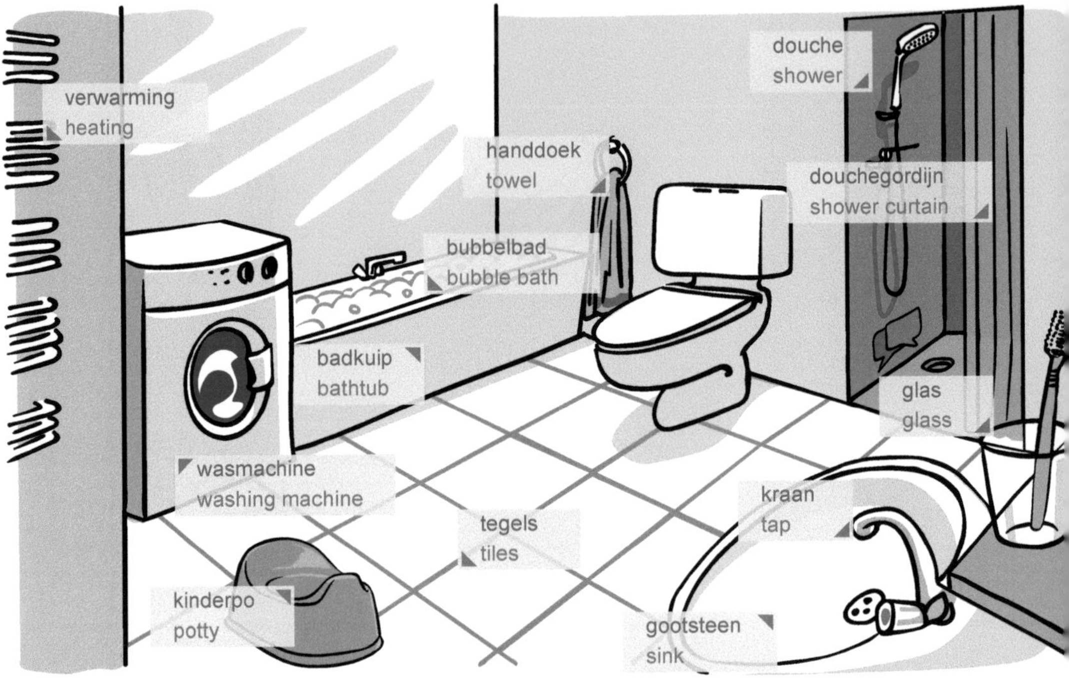

douche
shower
verwarming
heating
handdoek
towel
douchegordijn
shower curtain
bubbelbad
bubble bath
badkuip
bathtub
glas
glass
wasmachine
washing machine
kraan
tap
tegels
tiles
kinderpo
potty
gootsteen
sink

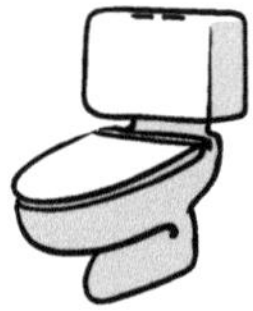

toilet

toilet

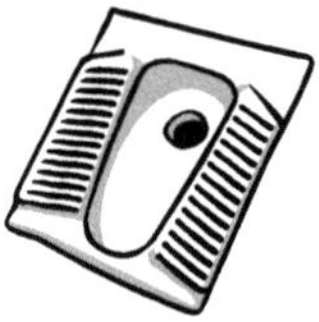

hurktoilet

squat toilet

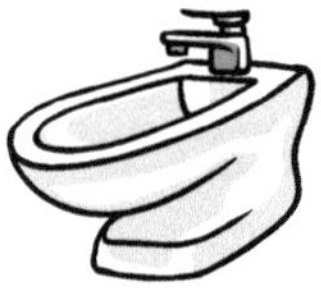

bidet

bidet

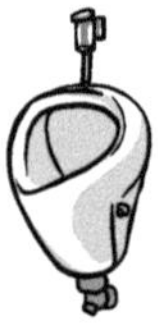

urinoir

urinal

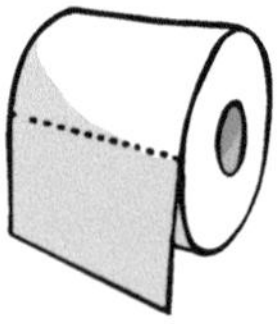

toiletpapier

toilet paper

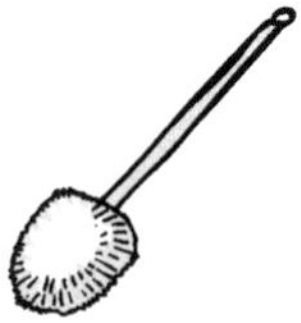

toiletborstel

toilet brush

tandenborstel

toothbrush

tandpasta

toothpaste

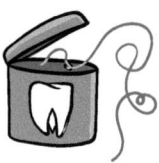

flosdraad

dental floss

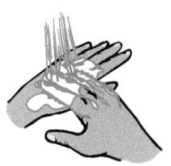

wassen

wash

handdouche

handheld shower

bidethanddouche

douche

waskom

basin

rugborstel

back brush

zeep

soap

douchegel

shower gel

shampoo

shampoo

washandje

flannel

afvoer

drain

crème

cream

deodorant

deodorant

spiegel

mirror

handspiegel

hand mirror

scheermes

razor

scheerschuim

shaving foam

aftershave

aftershave

kam

comb

borstel

brush

haardroger

hair dryer

haarlak

hairspray

make-up

makeup

lippenstift

lipstick

nagellak

nail varnish

watten

cotton wool

nagelknipper

nail scissors

parfum

perfume

toilettas
washbag

kruk
stool

weegschaal
weighing scale

badjas
bathrobe

latex handschoenen
rubber gloves

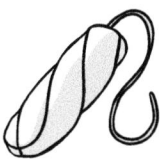

tampon
tampon

maandverband
sanitary towel

chemisch toilet
chemical toilet

kinderkamer

child's room

wekker
alarm clock
knuffel
cuddly toy
speelgoedauto
toy car
rammelaar
rattle
poppenhuis
doll's house
geschenk
present

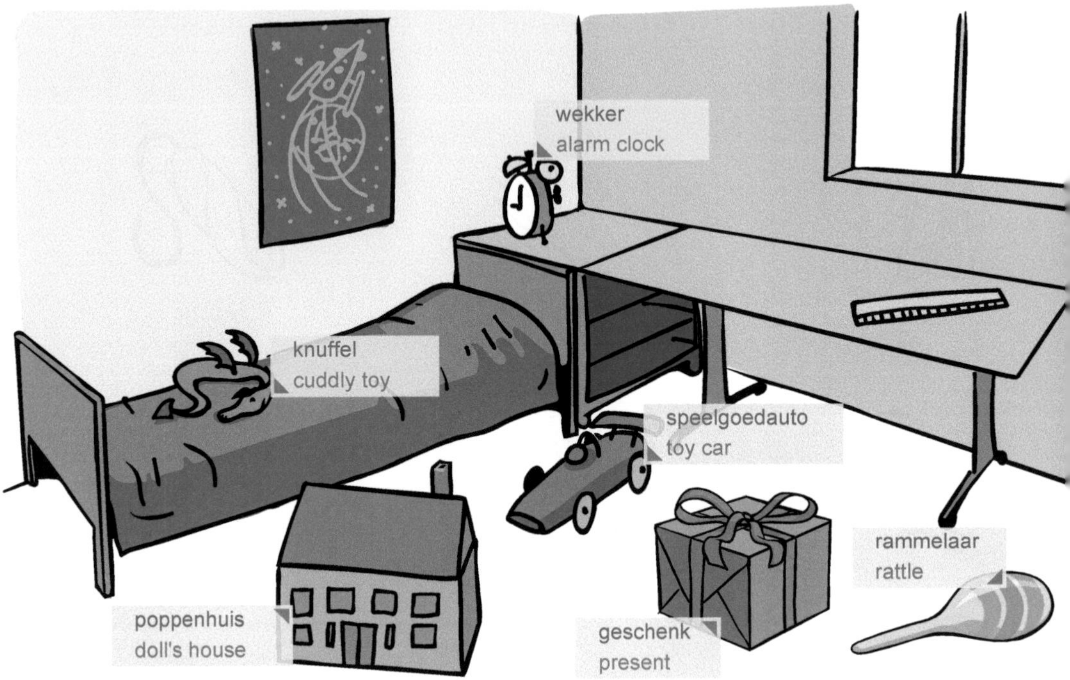

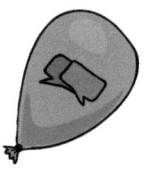

ballon

balloon

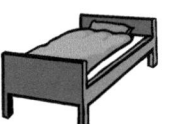

bed

bed

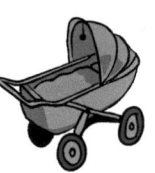

kinderwagen

pram

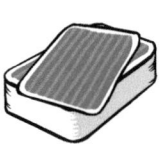

spel kaarten

deck of cards

puzzel

jigsaw

SUPER
MEGA

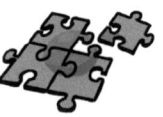

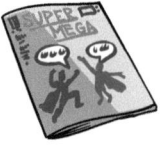

stripboek

comic

legoblokjes

lego bricks

blokken

building blocks

actiefiguur

action figure

kruippakje

romper suit

frisbee

Frisbee

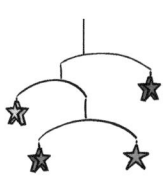

mobiel

mobile

bordspel

board game

dobbelsteen

dice

modelspoorweg

model train set

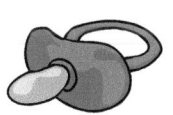

fopspeen

dummy

feest

party

prentenboek

picture book

bal

ball

pop

doll

spelen

play

zandbak

sandpit

schommel

swing

speelgoed

toys

spelconsole

video game console

driewieler

tricycle

knuffelbeer

teddy bear

kleerkast

wardrobe

kleding

clothing

sokken

socks

kousen

stockings

maillot

tights

sjaal
scarf

paraplu
umbrella

riem
belt

T-shirt
t-shirt

laarzen
boots

slippers
slippers

sneakers
trainers

sandalen
sandals

schoenen
shoes

rubberlaarzen
rubber boots

onderbroek
underpants

beha
bra

onderhemd
vest

kleding - clothing

45

lichaam

body

broek

trousers

jeans

jeans

rok

skirt

blouse

blouse

hemd

shirt

trui

pullover

capuchontrui

hoodie

blazer

blazer

jas

jacket

jas

coat

regenjas

raincoat

kostuum

costume

jurk

dress

trouwjurk

wedding dress

pak

suit

nachthemd

nightgown

pyjama

pyjamas

sari

sari

hoofddoek

headscarf

tulband

turban

boerka

burqa

kaftan

kaftan

abaya

abaya

badpak

swimsuit

zwembroek

trunks

short

shorts

trainingspak

tracksuit

schort

apron

handschoenen

gloves

knoop

button

bril

glasses

armband

bracelet

ketting

necklace

ring

ring

oorbel

earring

pet

cap

kapstok

coat hanger

hoed

hat

das

tie

rits

zipper

helm

helmet

bretellen

braces

schooluniform

school uniform

uniform

uniform

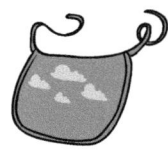

slabbetje

bib

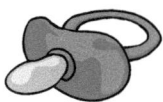

fopspeen

dummy

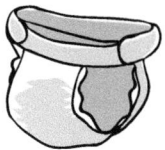

luier

nappy

kantoor

office

server
server
dossierkast
filing cabinet
printer
printer
papier
paper
monitor
monitor
muis
mouse
bureau
desk
map
folder
toestenbord
keyboard
papiermand
paper bin
computer
computer
stoel
chair

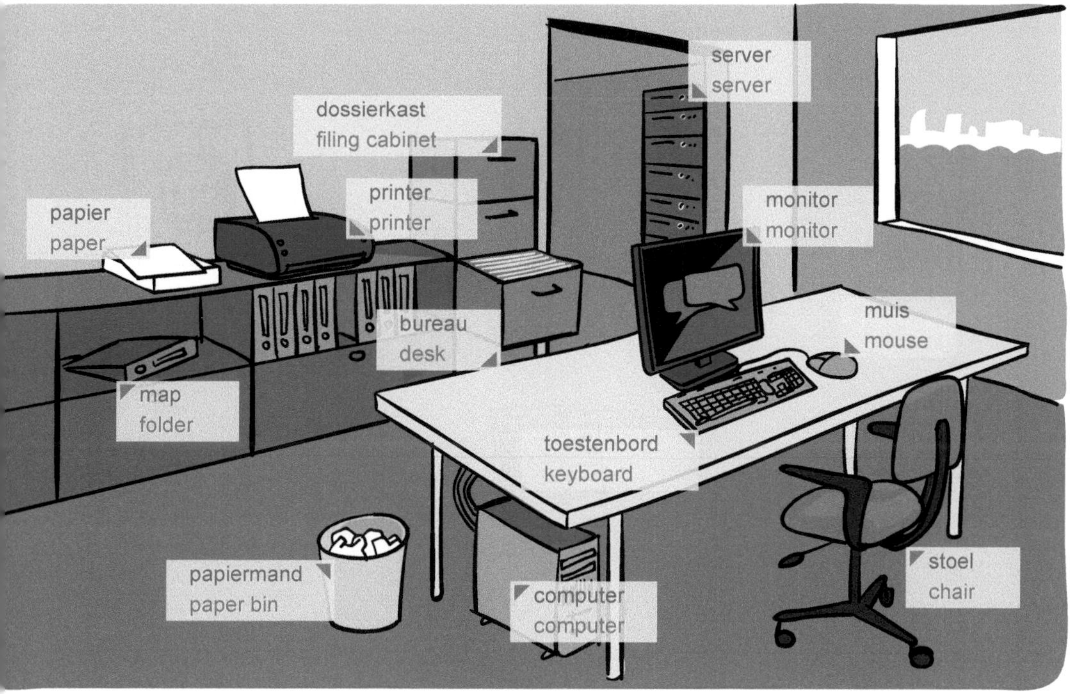

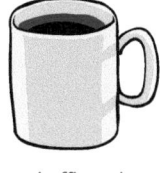

koffiemok

coffee mug

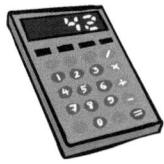

rekenmachine

calculator

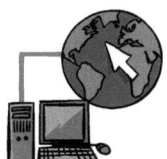

internet

internet

laptop
laptop

brief
letter

bericht
message

gsm
mobile

netwerk
network

kopieerapparaat
photocopier

software
software

telefoon
telephone

stopcontact
plug socket

fax
fax machine

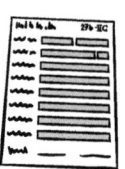

formulier
form

document
document

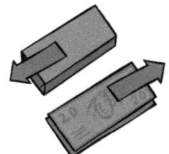

kopen

buy

betalen

pay

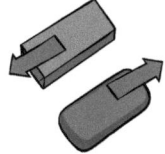

handelen

trade

geld

money

dollar

dollar

euro

euro

yen

yen

roebel

rouble

Zwitserse frank

Swiss franc

Chinese renminbi

renminbi yuan

roepie

rupee

geldautomaat

cashpoint

wisselkantoor

bureau de change

goud

gold

zilver

silver

olie

oil

energie

energy

prijs

price

contract

contract

belasting

tax

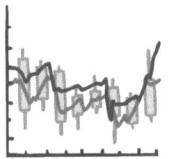

aandeel

stock

werken

work

werknemer

employee

werkgever

employer

fabriek

factory

winkel

shop

beroepen
occupations

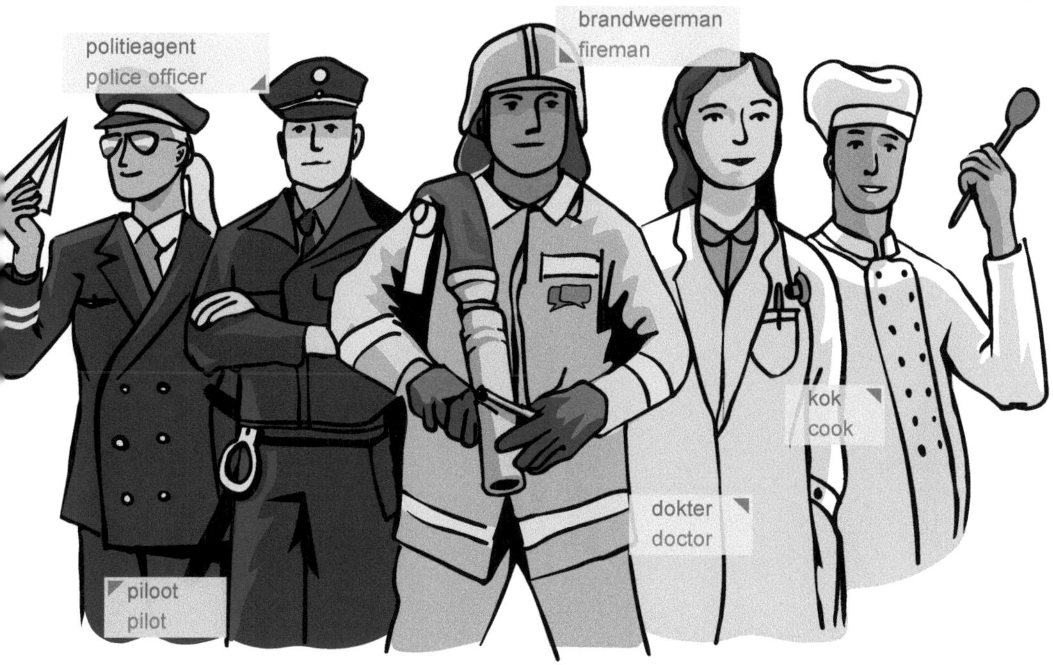
politieagent
police officer
brandweerman
fireman
kok
cook
dokter
doctor
piloot
pilot

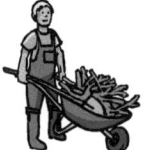

tuinman

gardener

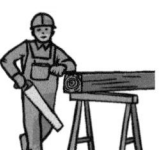

timmerman

carpenter

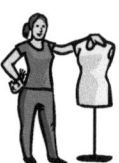

naaister

seamstress

rechter

judge

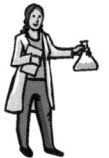

chemicus

chemist

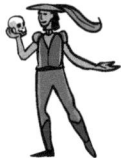

acteur

actor

buschauffeur

bus driver

taxichauffeur

taxi driver

visser

fisherman

schoonmaakster

cleaning lady

dakdekker

roofer

ober

waiter

jager

hunter

schilder

painter

bakker

baker

elektricien

electrician

bouwvakker

builder

ingenieur

engineer

slager

butcher

loodgieter

plumber

postbode

postman

soldaat
soldier

architect
architect

kassier
cashier

bloemist
florist

kapper
hairdresser

conducteur
conductor

mecanicien
mechanic

kapitein
captain

tandarts
dentist

wetenschapper
scientist

rabbijn
rabbi

imam
imam

monnik
monk

geestelijke
clergyman

werktuigen
tools

hamer
hammer
tang
pliers
schroevendraaier
screwdriver
schroefsleutel
spanner
zaklamp
torch

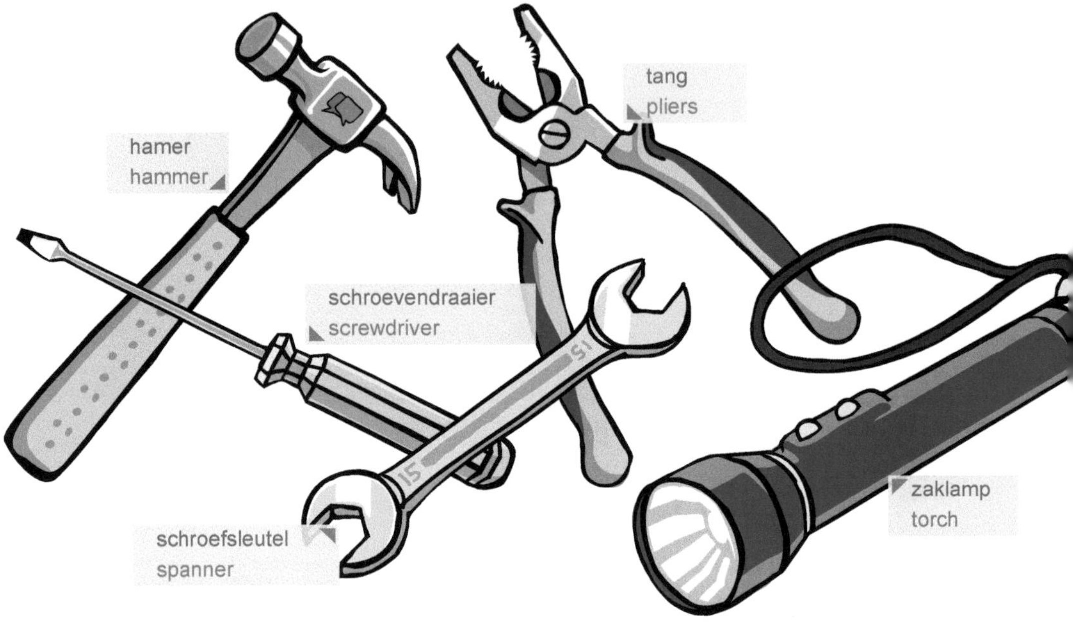

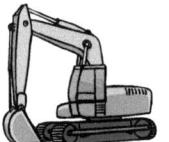

graafmachine

digger

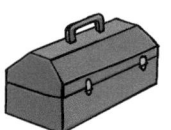

gereedschapskoffer

toolbox

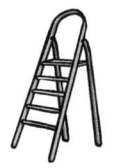

ladder

ladder

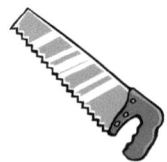

zaag

saw

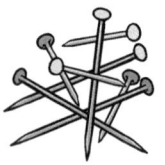

spijkers

nails

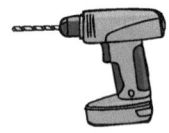

boormachine

drill

repareren
repair

schop
shovel

Verdomme!
Damn!

blik
dustpan

verfpot
paint pot

schroeven
screws

muziekinstrumenten
musical instruments

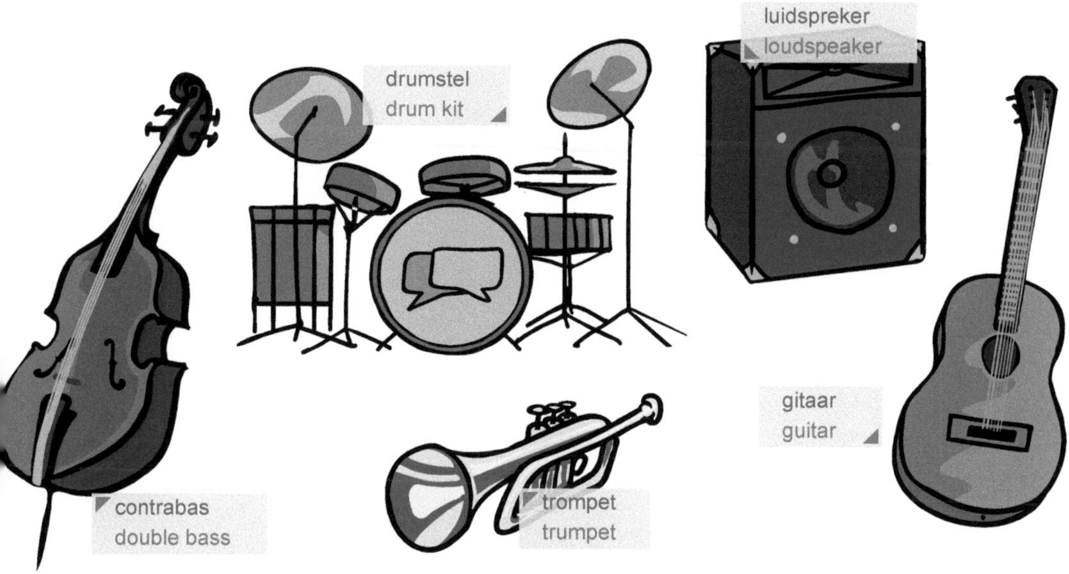

drumstel
drum kit

luidspreker
loudspeaker

gitaar
guitar

contrabas
double bass

trompet
trumpet

piano

piano

viool

violin

basgitaar

bass

pauk

timpani

trommels

drums

keyboard

keyboard

saxofoon

saxophone

fluit

flute

microfoon

microphone

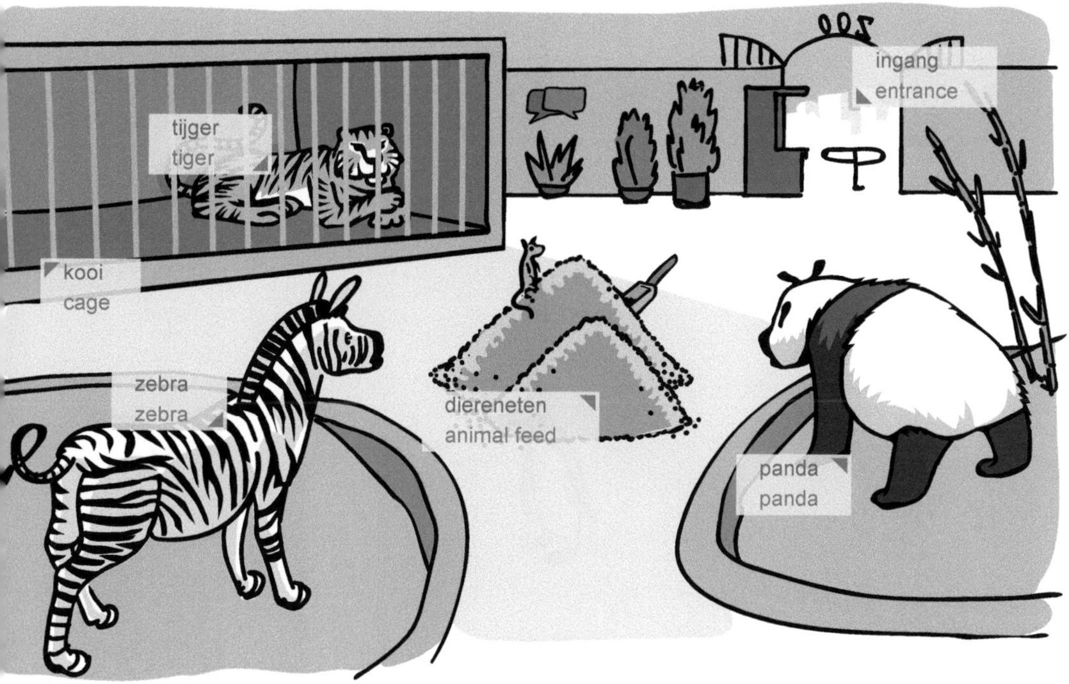

tijger
tiger

ingang
entrance

kooi
cage

zebra
zebra

diereneten
animal feed

panda
panda

dieren
animals

olifant
elephant

kangoeroe
kangaroo

neushoorn
rhino

gorilla
gorilla

beer
bear

kameel

camel

struisvogel

ostrich

leeuw

lion

aap

monkey

flamingo

flamingo

papegaai

parrot

ijsbeer

polar bear

pinguïn

penguin

haai

shark

pauw

peacock

slang

snake

krokodil

crocodile

dierenverzorger

zookeeper

zeehond

seal

jaguar

jaguar

pony
pony

luipaard
leopard

nijlpaard
hippo

giraffe
giraffe

adelaar
eagle

wild zwijn
boar

vis
fish

zeeschildpad
turtle

walrus
walrus

vos
fox

gazelle
gazelle

rugby
American football

wielrennen
cycling

tennis
tennis

basketbal
basketball

zwemmen
swimming

boksen
boxing

ijshockey
ice hockey

voetbal
football

badminton
badminton

atletiek
athletics

handbal
handball

skiën
skiing

polo
polo

springen
jump

lachen
laugh

knuffelen
hug

zingen
sing

wandelen
walk

bidden
pray

kussen
kiss

dromen
dream

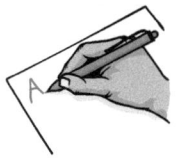

schrijven

write

tekenen

draw

tonen

show

duwen

push

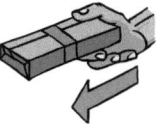

geven

give

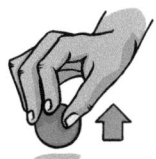

nemen

take

hebben

have

doen

do

zijn

be

staan

stand

lopen

run

trekken

pull

gooien

throw

vallen

fall

liggen

lie

wachten

wait

dragen

carry

zitten

sit

aankleden

get dressed

slapen

sleep

ontwaken

wake up

kijken naar

look at

wenen

cry

aaien

stroke

kammen

comb

praten

talk

begrijpen

understand

vragen

ask

luisteren

listen

drinken

drink

eten

eat

opruimen

tidy up

houden van

love

koken

cook

rijden

drive

vliegen

fly

zeilen

sail

rekenen

calculate

Lezen

read

leren

learn

werken

work

trouwen

marry

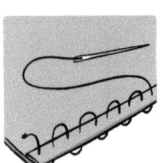

naaien

sew

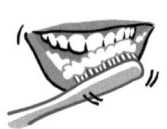

tandenpoetsen

brush teeth

doden

kill

roken

smoke

sturen

send

familie
family

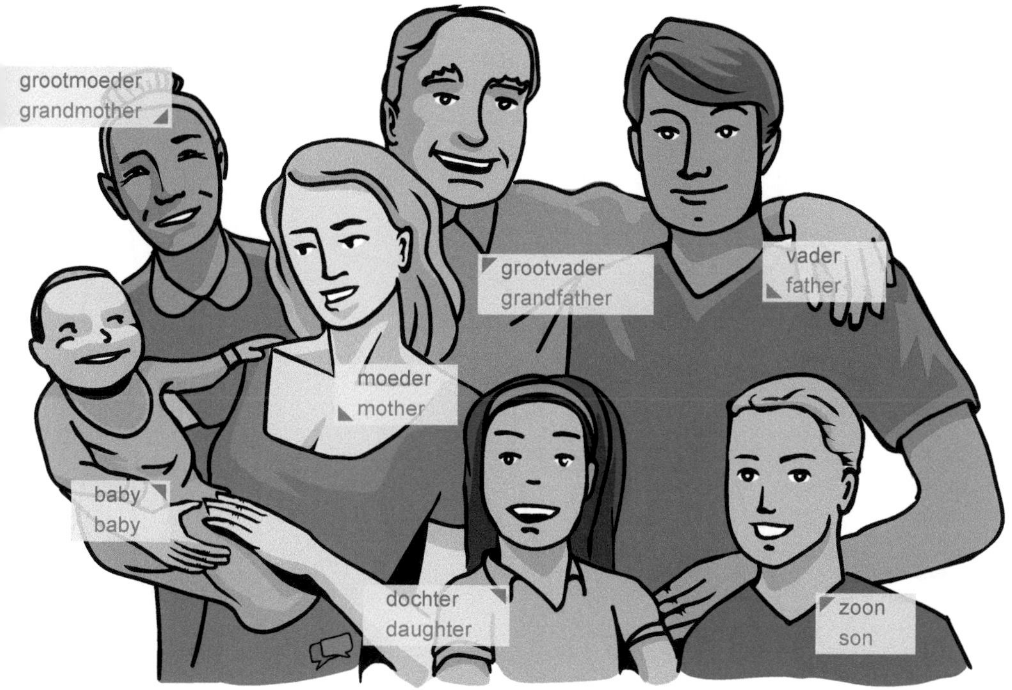
grootmoeder
grandmother
grootvader
grandfather
vader
father
moeder
mother
baby
baby
dochter
daughter
zoon
son

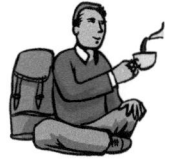

gast

guest

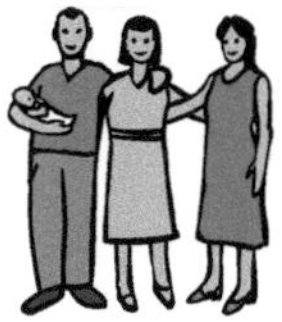

tante

aunt

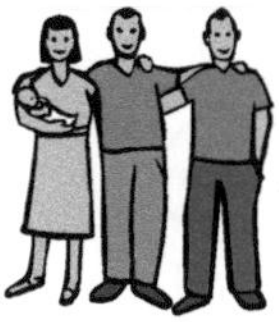

oom

uncle

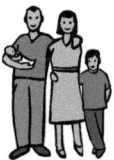

broer

brother

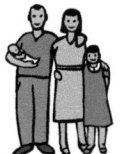

zus

sister

lichaam

body

voorhoofd
forehead
oog
eye
schouder
shoulder
vinger
finger
gezicht
face
kin
chin
hand
hand
been
leg
borst
breast
arm
arm

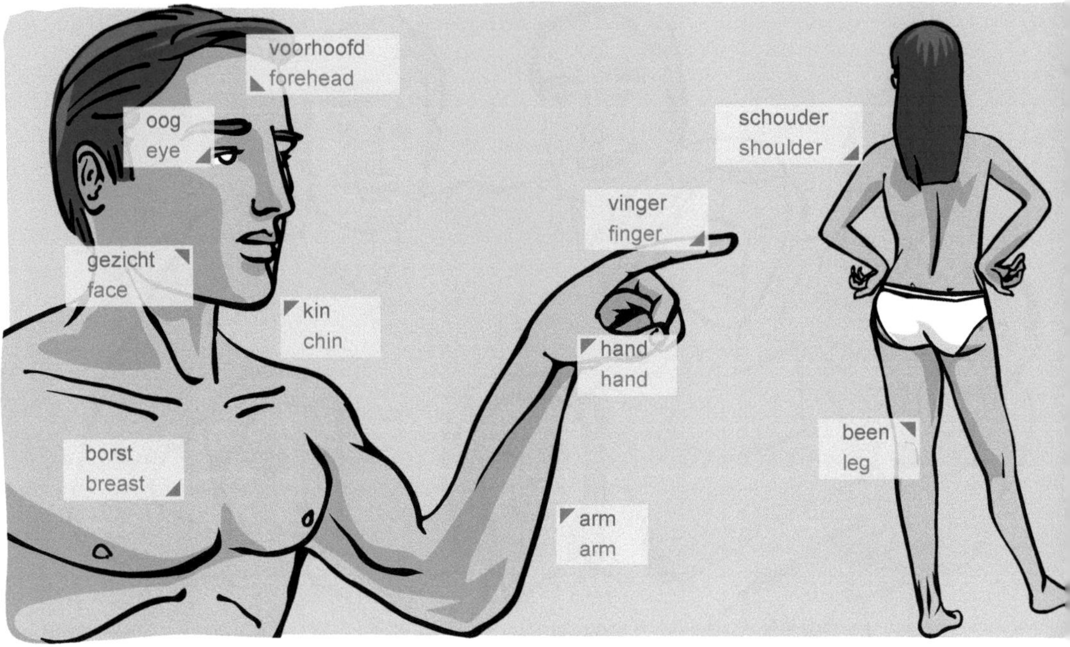

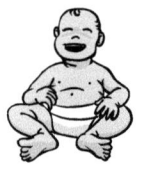

baby
baby

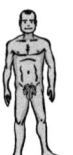

man
man

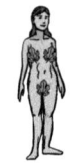

vrouw
woman

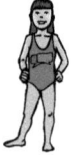

meisje
girl

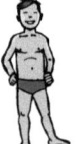

jongen
boy

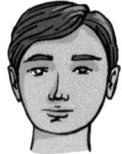

hoofd
head

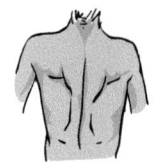

rug
....
back

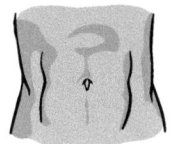

buik
....
belly

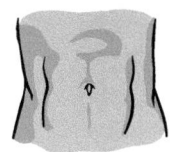

navel
....
belly button

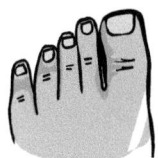

teen
....
toe

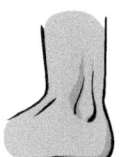

hiel
....
heel

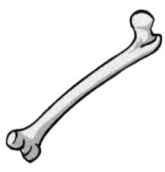

bot
....
bone

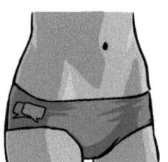

heup
....
hip

knie
....
knee

elleboog
....
elbow

neus
....
nose

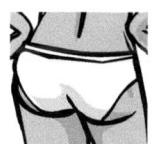

zitvlak
....
bottom

huid
....
skin

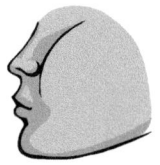

wang
....
cheek

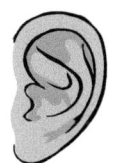

oor
....
ear

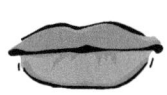

lip
....
lip

mond

mouth

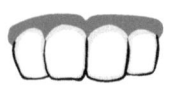

tand

tooth

tong

tongue

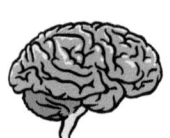

hersenen

brain

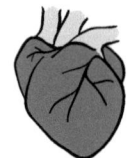

hart

heart

spier

muscle

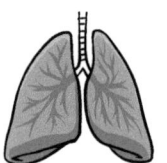

long

lung

lever

liver

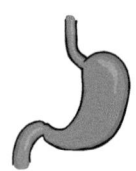

maag

stomach

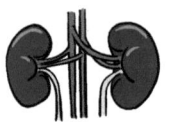

nieren

kidneys

seks

sex

condoom

condom

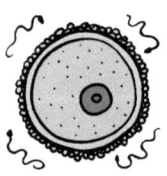

eicel

ovum

sperma

semen

zwangerschap

pregnancy

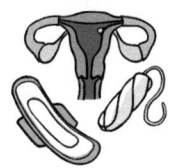

menstruatie

menstruation

vagina

vagina

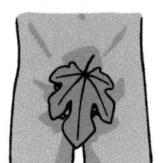

penis

penis

wenkbrauw

eyebrow

haar

hair

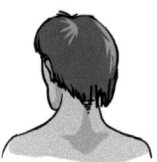

nek

neck

ziekenhuis
hospital

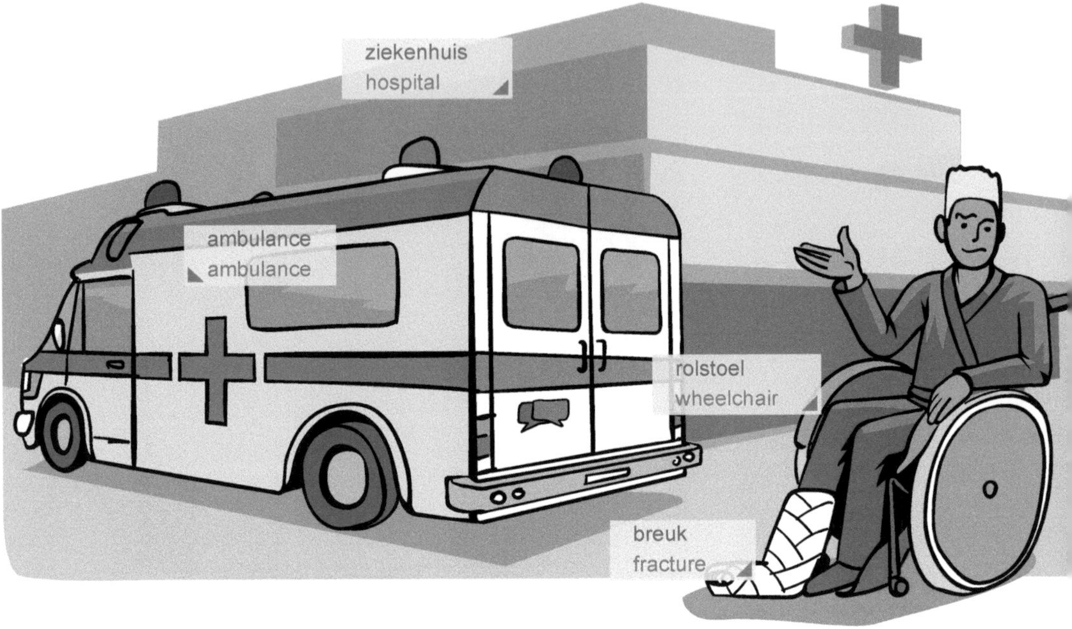

ziekenhuis
hospital
ambulance
ambulance
rolstoel
wheelchair
breuk
fracture

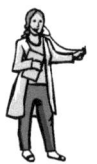

dokter

doctor

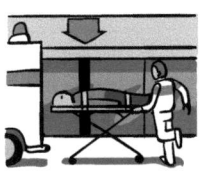

spoed

emergency room

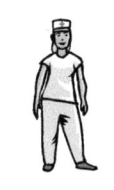

verpleegkundige

nurse

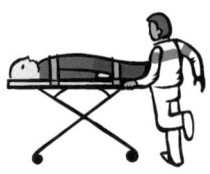

noodgeval

emergency

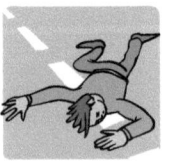

bewusteloos

unconscious

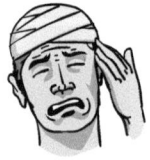

pijn

pain

verwonding
injury

bloeding
bleeding

hartaanval
heart attack

beroerte
stroke

allergie
allergy

hoest
cough

koorts
fever

griep
flu

diarree
diarrhoea

hoofdpijn
headache

kanker
cancer

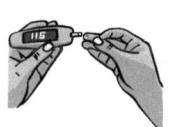

diabetes
diabetes

chirurg
surgeon

scalpel
scalpel

operatie
operation

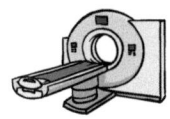

CT

CT

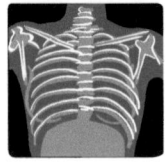

röntgenstraal

x-ray

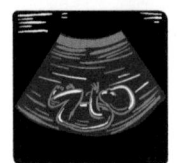

ultrageluid

ultrasound

gezichtsmasker

face mask

ziekte

disease

wachtkamer

waiting room

kruk

crutch

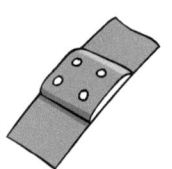

pleister

plaster

verband

bandage

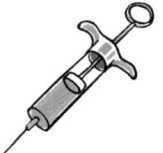

injectie

injection

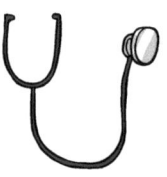

stethoscoop

stethoscope

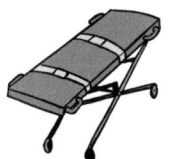

brancard

stretcher

thermometer

clinical thermometer

geboorte

birth

overgewicht

overweight

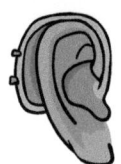

hoorapparaat

hearing aid

ontsmettingsmiddel

disinfectant

infectie

infection

virus

virus

HIV / AIDS

HIV / AIDS

medicijn

medicine

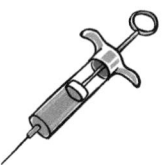

vaccinatie

vaccination

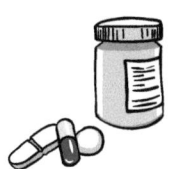

tabletten

tablets

pil

pill

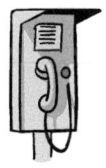

noodoproep

emergency call

bloeddrukmeter

blood pressure monitor

ziek / gezond

sick / healthy

Help! Help!	 alarm alarm	 overval assault
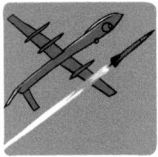 aanval attack	 gevaar danger	 nooduitgang emergency exit
Brand! Fire!	 brandblusser fire extinguisher	 ongeval accident
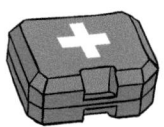 EHBO-kit first-aid kit	 SOS SOS	 politie police

Europa

Europe

Noord-Amerika

North America

Zuid-Amerika

South America

Afrika

Africa

Azië

Asia

Australië

Australia

Atlantische Oceaan

Atlantic

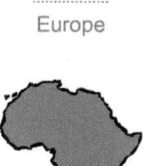

Stille Oceaan

Pacific

Indische Oceaan

Indian Ocean

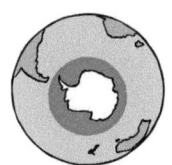

Antarctische Oceaan

Antarctic Ocean

Arctische Oceaan

Arctic Ocean

Noordpool

North Pole

Zuidpool

South Pole

Antarctica

Antarctica

aarde

Earth

land

land

zee

sea

eiland

island

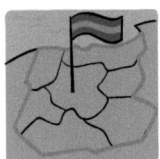

natie

nation

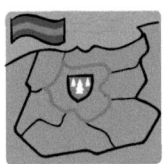

staat

state

wijzerplaat

clock face

uurwijzer

hour hand

minuutwijzer

minute hand

secondewijzer

second hand

Hoe laat is het?

What time is it?

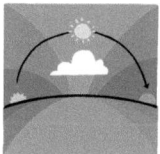

dag

day

tijd

time

nu

now

digitale horloge

digital watch

minuut

minute

uur

hour

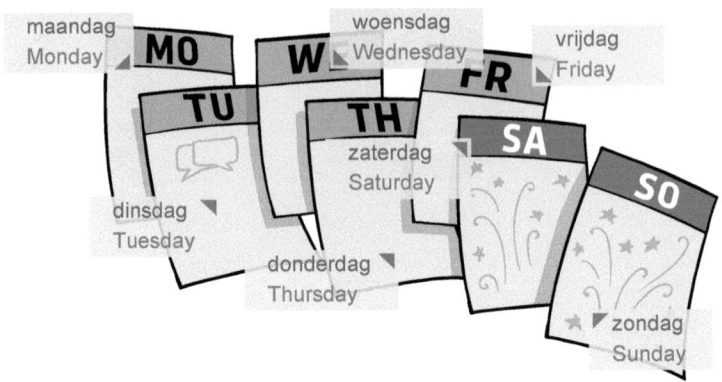

maandag
Monday
woensdag
Wednesday
vrijdag
Friday
dinsdag
Tuesday
zaterdag
Saturday
donderdag
Thursday
zondag
Sunday

gisteren

yesterday

vandaag

today

morgen

tomorrow

ochtend

morning

middag

noon

avond

evening

werkdagen

business days

weekend

weekend

jaar

year

regen
rain
regenboog
rainbow
wind
wind
sneeuw
snow
lente
spring
zomer
summer
herfst
autumn
winter
winter

4.APRIL 11°
5.APRIL 4°
6.APRIL 13°
7.APRIL 8°
8.APRIL 10°

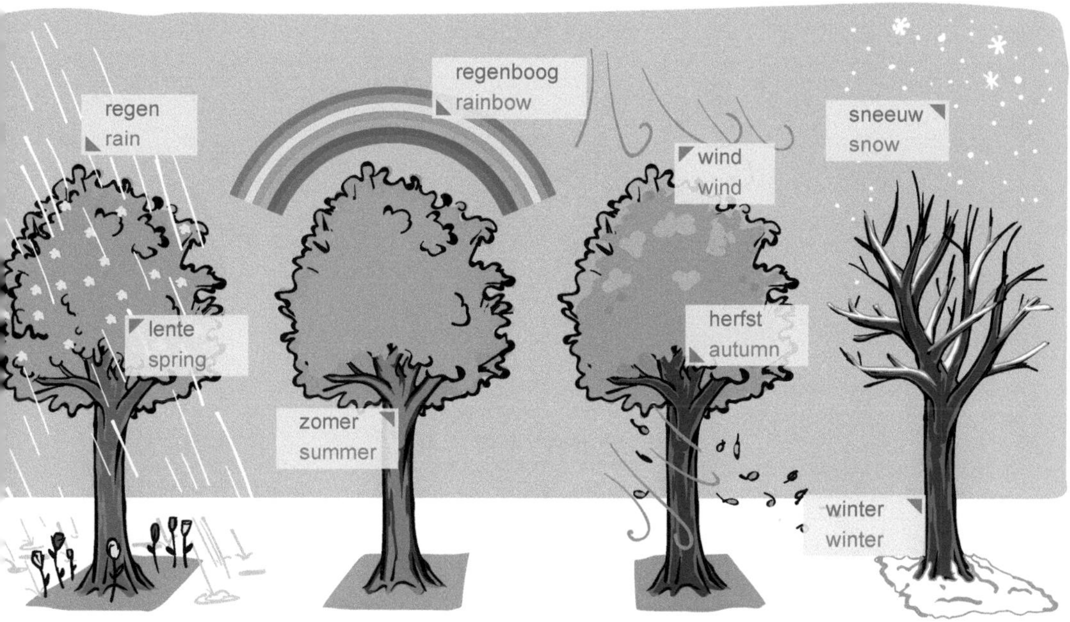

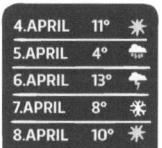

weervoorspelling

weather forecast

F
C
120
90
60
30
0
-30
40
30
20
10
0
-10
-20

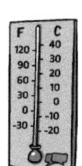

thermometer

thermometer

zonneschijn

sunshine

wolk

cloud

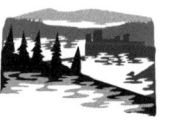

mist

fog

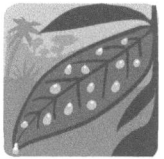

vochtigheid

humidity

bliksem

lightning

donder

thunder

storm

storm

hagel

hail

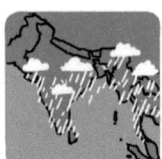

moesson

monsoon

overstroming

flood

ijs

ice

januari

January

februari

February

maart

March

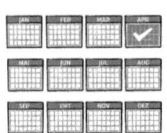

april

April

mei

May

juni

June

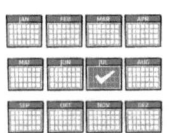

juli

July

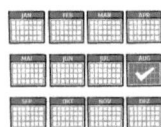

augustus

August

jaar - year

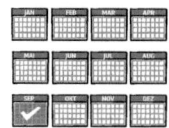

september
September

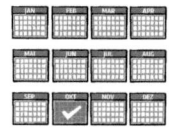

oktober
October

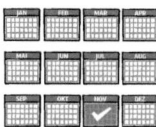

november
November

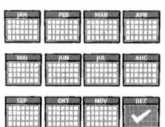

december
December

vormen
shapes

cirkel
circle

kwadraat
square

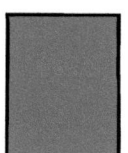

rechthoek
rectangle

driehoek
triangle

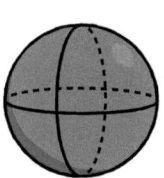

bol
sphere

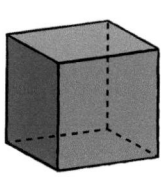

kubus
cube

wit
white

geel
yellow

oranje
orange

roze
pink

rood
red

paars
purple

blauw
blue

groen
green

bruin
brown

grijs
grey

zwart
black

veel / weinig

a lot / a little

boos / kalm

angry / calm

mooi / lelijk

beautiful / ugly

begin / einde

beginning / end

groot / klein

big / small

licht / donker

bright / dark

broer / zus

brother / sister

proper / vuil

clean / dirty

volledig / onvolledig

complete / incomplete

dag / nacht

day / night

dood / levend

dead / alive

breed / smal

wide / narrow

eetbaar / oneetbaar

edible / inedible

kwaadaardig / vriendelijk

evil / nice

opgewonden / verveeld

excited / bored

dik / dun

fat / thin

eerst / laatst

first / last

vriend / vijand

friend / enemy

vol / leeg

full / empty

hard / zacht

hard / soft

zwaar / licht

heavy / light

honger / dorst

hunger / thirst

ziek / gezond

sick / healthy

illegaal / legaal

illegal / legal

intelligent / dom

intelligent / stupid

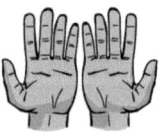

links / rechts

left / right

dichtbij / veraf

near / far

nieuw / gebruikt

new / used

niets / iets

nothing / something

oud / jong

old / young

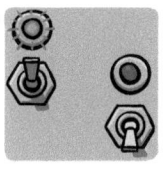

aan / uit

on / off

open / dicht

open / closed

stil / luid

quiet / loud

rijk / arm

rich / poor

juist / fout

right / wrong

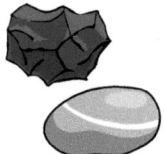

ruw / glad

rough / smooth

droevig / blij

sad / happy

kort / lang

short / long

traag / snel

slow / fast

nat / droog

wet / dry

warm / koud

warm / cool

oorlog / vrede

war / peace

cijfers
numbers

0

nul

zero

1

één

one

2

twee

two

3

drie

three

4

vier

four

5

vijf

five

6

zes

six

7

zeven

seven

8

acht

eight

9

negen

nine

10

tien

ten

11

elf

eleven

12
twaalf
twelve

13
dertien
thirteen

14
veertien
fourteen

15
vijftien
fifteen

16
zestien
sixteen

17
zeventien
seventeen

18
achtien
eighteen

19
negentien
nineteen

20
twintig
twenty

100
honderd
hundred

1.000
duizend
thousand

1.000.000
miljoen
million

Talen
languages

Engels

English

Amerikaans Engels

American English

Chinees (Mandarijn)

Mandarin Chinese

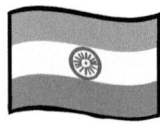

Hindi

Hindi

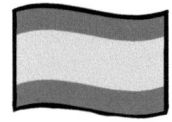

Spaans

Spanish

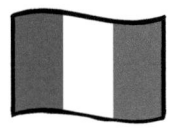

Frans

French

Arabisch

Arabic

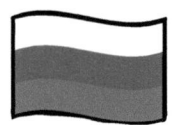

Russisch

Russian

Portugees

Portuguese

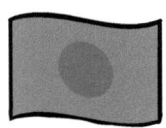

Bengali

Bengali

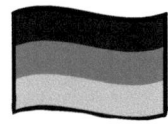

Duits

German

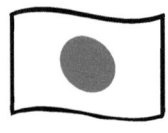

Japans

Japanese

ik
....
I

u
....
you

hij / zij / het
....
he / she / it

wij
....
we

u
....
you

ze
....
they

wie?
....
who?

wat?
....
what?

hoe?
....
how?

waar?
....
where?

wanneer?
....
when?

naam
....
name

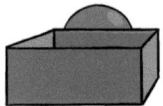

achter

behind

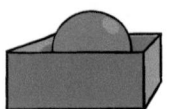

in

in

voor

in front of

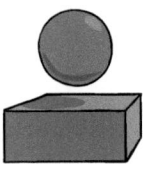

boven

over

op

on

onder

under

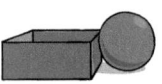

naast

beside

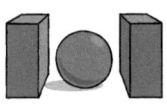

tussen

between

plaats

place